FRANÇOIS-ABEL

JEANDET

PAR

HENRI CHABEUF

DIJON

IMPRIMERIE DARANTIÈRE

65, RUE CHABOT-CHARNY, 65

1891

FRANÇOIS-ABEL

JEANDET

*Extrait des Mémoires de la Société Bourguignonne
de Géographie et d'Histoire, t. VII.*

Imp. Chardon-Wittmann.

FRANÇOIS-ABEL

JEANDET

PAR

HENRI CHABEUF

DIJON

IMPRIMERIE DARANTIERE

65, RUE CHABOT-CHARNY, 65

—

1891

C'est un devoir pour nous de consacrer le sou-
venir de ceux de nos compatriotes qui, répandus
dans le monde entier, se sont montrés des hommes
utiles à leur pays, et notre hommage doit être
plus respectueux encore, quand il s'agit d'un des
nôtres mort en pleine force pour la France et la
cause de la civilisation. Ainsi en est-il de Fran-
çois-Joseph-Étienne-Abel Jeandet, dont les jour-
naux de septembre 1890 ont annoncé l'assassinat
au Sénégal, pendant une mission politique et militaire.

Il appartenait à une famille du Mâconnais d'o-
rigine modeste mais honorable et ancienne ; il était
né à Verdun-sur-le-Doubs (Saône-et-Loire), le 6
février 1852, d'Abel Jeandet, docteur en médecine,
et de Marguerite-Caroline-Flavie Doyen. Son
grand-père avait eu une carrière honorable de
médecin militaire aux armées du premier empire ;
quant à son père, M. Abel Jeandet, ancien archi-
viste-bibliothécaire de Mâcon et archiviste de Lyon,
il a voué sa vie entière non seulement à la médecine, mais aussi à des travaux d'érudition dont
l'ensemble forme une contribution des plus impor-
tantes à l'étude du passé bourguignon. C'est un

de ces chercheurs laborieux, infatigables et heureux qui ne cessent de rassembler les matériaux de l'histoire de détail et préparent ainsi les éléments de l'histoire générale.

Après de bonnes études au collège de Dôle, au cours desquelles, à l'âge de 16 ans, il eut le bonheur de sauver deux personnes qui se noyaient dans le Doubs, François-Abel Jeandet fut reçu bachelier ès-lettres à Dijon, en 1869, et bachelier ès-sciences à Paris, en 1872. Il se destina d'abord à la médecine et suivit les cours de l'école secondaire de Lyon et de la Faculté de Paris, s'engagea par devancement d'appel, le 6 octobre 1873, devint fourrier, puis sergent instructeur, et fut libéré du service le 19 septembre 1877. Il se souviendra de son passage dans l'armée quand il fondera plus tard à Mâcon la société de gymnastique et d'éducation militaire *la Gauloise*. Il reprit alors à Paris ses études de médecine qui furent interrompues, avant le doctorat, par son mariage contracté le 21 août 1879 avec Mlle Alice Van der Meere, fille d'un général belge fixé en France, le comte Van der Meere de Cruyshautem (1), qu'il perdit après treize mois de mariage, le 23 septembre 1880.

(1) Le général Van der Meere — Bruxelles, 22 août 1797-4 juin 1880 — est un ami de la France; à 18 ans il combattait pour elle à Waterloo, à 74 ans il organisait, pendant le siège de Paris, une compagnie française, *les Amis de la France*, à la tête de laquelle il fit le coup de feu avec ses deux fils.

Il renonça alors définitivement à la médecine, parut vouloir chercher sa voie dans la carrière du journalisme, collabora en 1882 et 1883,
comme principal rédacteur, à l'*Union républi-
caine* de Mâcon, qu'il quitta pour fonder une
feuille littéraire, le *Causeur bourguignon*, dont le
premier numéro parut le 16 décembre 1883, mais
la publication en fut suspendue un an après par
l'entrée d'Abel Jeandet dans le service préfectoral.
En même temps il entrait en relation avec plusieurs sociétés savantes de France et d'Italie et
en obtenait d'honorables récompenses. On citera
principalement de lui une brochure intéressante
et bien faite, écrite avec une chaleur toute juvé-
nile, *Biographie de Philippe de Girard*, le grand
inventeur né en 1775 à Lourmarin, près de la Fon-
taine de Vaucluse, mort le 28 août 1845. Un
trait de cette vie féconde en grands résultats
dont, comme il arrive souvent, l'inventeur ne pro-
fita pas, mérite d'être rappelé ici. Forcé par la
misère de chercher hors de France des moyens
de vivre, Girard accepta le poste d'ingénieur en
chef des mines de Pologne, mais en stipulant
qu'il conserverait sa qualité de citoyen français,
ce que le gouvernement russe accepta sans dif-
ficulté. Une petite ville de Pologne, qui s'est for-
mée autour des établissements industriels créés
par notre compatriote, porte encore le nom de Gi-
rardow.

Au mois d'août 1884, François-Abel Jeandet devint chef du cabinet du Préfet de Saône-et-Loire, M. René Laffon. En novembre, après le départ de celui-ci, il fut appelé à remplir les mêmes fonctions auprès de M. Schnerb, Préfet de la Gironde, puis dans les Pyrénées-Orientales, dont M. Mordon était alors Préfet; partout il a laissé de bons souvenirs qui se sont ravivés à la nouvelle de sa mort. Enfin le 2 novembre 1886 il partait pour le Sénégal en qualité de commandant de cercle de troisième classe. Ce sont des fonctions à la fois civiles et militaires: le commandant de cercle est assimilé aux officiers de l'armée, rattaché à l'infanterie de marine et porte les insignes de son grade, en or, comme dans l'infanterie de ligne, mais avec des palmettes en nombre proportionné au lieu de galons. De cette situation mixte peuvent naître et naissent parfois des froissements, des conflits même, d'autant plus délicats à résoudre que le commandant de cercle, opérant à des distances souvent énormes du chef-lieu, est plus livré à son initiative et doit prendre rapidement son parti. Mais si, comme à tout fonctionnaire colonial, il lui faut beaucoup de tact dans ses rapports avec l'élément européen, il a besoin en plus d'une singulière énergie et d'un esprit toujours libre quand il s'agit de manier les indigènes, ennemis nés des blancs, même ceux qui paraissent le plus soumis, toujours prêts pour la trahison et prompts à profiter de la moindre défaillance. Il faut donc imprimer fortement dans ces âmes mobiles et lâches, avec le respect, la terreur du drapeau, cette idée que l'Européen est un être d'ordre supérieur, et que, même isolé, il n'est jamais seul parce qu'il a derrière lui la formidable puissance française infaillible à châtier non seulement tout attentat mais encore toute pensée d'attentat. Cette énergie ne doit pas aller sans quelque douceur, car la civilisation se doit à elle-même, ne serait-ce que par politique, de montrer sa supériorité sur la barbarie dans l'art de rendre les hommes heureux, mais si cette douceur se faisait débonnaire, si l'Africain perdait un instant le sentiment de la puissance souveraine, irrésistible de l'Européen, celui-ci serait perdu. Sans doute on joue ainsi sa vie tous les jours, mais les âmes bien trempées se plaisent d'autant plus à ces œuvres viriles, à ces parties incessamment engagées contre la barbarie et dont l'enjeu est chaque fois un recul des races inférieures devant le génie de la race blanche et une victoire de la civilisation chrétienne.

Rien, à vrai dire, dans le passé de François-Abel Jeandet, ne le semblait prédestiner à cette vie nouvelle, et cependant dès les tout premiers jours il s'y trouva comme dans son élément. Attaché d'abord aux bureaux de l'administration politique du Sénégal, à Saint-Louis, il dressa un inventaire complet et raisonné des archives dont aucun classement n'avait été fait depuis la réoccupation de la colonie en 1817 ; le sang du vieil archiviste bourguignon se retrouvait en son fils. Mais ce ne fut qu'un stage utile pour lui faire connaître les traditions et les précédents et dès le mois de janvier 1887, le gouverneur M. Genouille créait pour François-Abel Jeandet le cercle de Louga, sans lui donner d'ailleurs d'instructions rigoureuses et s'en rapportant à son initiative et à son esprit d'à propos. Louga est situé dans le N'Diambour (1), petit royaume placé sous le protectorat, assez imparfaitement supporté, de la France. Le nouveau commandant de cercle sut améliorer la situation assez tendue et si bien captiver le souverain du N'Diambour qu'il en fit un allié aussi fidèle que le peut être un roi nègre ; du moins son loyalisme ne s'est-il pas démenti depuis.

Au mois de mars François-Abel Jeandet fut envoyé en mission extraordinaire à plus de 300 kilomètres de Louga, dans le Baol (2), le Saloum et le Sin, régions à peine explorées qu'il parcourut pendant vingt-deux jours et où il réussit à nouer des relations amicales avec les chefs de tribus.

(1) Province du Sénégal, au nord-est du Cayor. Elle a été érigée en pays indépendant, sous notre protectorat, par décret du 2 février 1883.

(2) Provinces du Sénégal occidental, à proximité du cap Vert.

Cependant, le plus puissant, le plus brave, le plus rusé de ceux-ci, Aly-Boury, roi du D'Ioloff, s'était mis en état d'hostilité contre nous, toutefois sans rompre ouvertement. Le gouverneur chargea le commandant Jeandet de la levée, de l'organisation et du commandement des contingents tirés du N'Diambour; il couvrit ainsi la frontière et à la suite d'un brillant engagement obligea Aly-Boury à battre en retraite après avoir brûlé lui-même son camp de Sagata. Le commandant Jeandet y reçut deux blessures et eut son burnous percé de neuf balles; son interprète fut blessé grièvement et son ordonnance, un ancien tirailleur sénégalien, décoré de la médaille militaire, tué à ses côtés.

Le 22 juin 1887 il était nommé par intérim directeur des affaires politiques du Sénégal et dépendances et au commencement du mois d'août on lui confiait une mission dans le D'Ioloff (1), mais il payait en même temps tribut au climat et à la fatigue par une atteinte de la redoutable fièvre du Sénégal si meurtrière pour les Européens; les soins reçus à l'hôpital de Saint-Louis et sa robuste constitution le sauvèrent. Peu après il recevait du sous-secrétaire d'État au ministère de la Marine et des Colonies

(1) Une des trois grandes divisions du pays des Yoloffs au N. du Fouta-Toro et à l'O. du Cayor. Il est traversé par la rivière ou marigot de Bounoum.

une lettre datée du 29 août, par laquelle
M. Étienne lui annonçait que, par décision du 22,
il avait été promu à la seconde classe de son grade.
Bientôt après, le 1er octobre, à la réorganisation
générale des cadres, il était nommé administrateur de troisième classe.

En novembre le gouverneur jugeait sa présence nécessaire dans le N'Guick, le Merina-Diop
et le Cayor (1). Peu après dans le Toro des rivali-
tés de familles menaçaient de se tourner en guerre
civile, dont ne pouvait manquer de profiter le sultan de Ségou, notre ennemi déclaré, Ahmadou, le
fils du prophète Hadji-Omar. Malgré sa fatigue et
sa faiblesse de convalescent, François-Abel Jeandet
accepta la double mission qui lui était confiée ;
cette fois encore on ne le voulut pas empri-
sonner dans des instructions formelles et on lui
donna seulement pour tous pouvoirs d'agir au
mieux des intérêts de la colonie. Il arriva à
Podor (2) le 19 décembre 1887 et il était temps,
car le fanatisme des marabouts aggravait la situation de jour en jour ; un mois après tout était
rentré dans l'ordre, et la justice du commandant
Jeandet sut récompenser aussi bien que punir.
La population le demanda alors pour comman-

(1) Province au sud de Saint-Louis.
(2) Sur le Sénégal, à 185 kilomètres N.-N.-E. de Saint-Louis,
grand centre de commerce avec les Maures Bracknas. — Le poste
de Podor a été fondé par le général Faidherbe.

dant de cercle et il s'y fit assez aimer pour qu'après un congé de convalescence passé en France les chefs du Fouta-Toro, le roi en tête, demandassent son retour.

Le point faible de cette partie du territoire soumis à la France était toujours la frontière du Ségou, dont le sultan incarnait en lui tout le fanatisme de l'Islam et la haine de l'Européen. Le commandant Jeandet, qui le surveillait de près, apprit qu'il avait dans le cercle même un agent secret, Boubakar-Maïdi, qui pratiquait sourdement les populations et les excitait contre la France. Jeandet télégraphia au gouverneur pour demander l'autorisation de l'arrêter : « Oui, mais soyez prudent », lui fut-il répondu de Saint-Louis ; c'était bien en vérité de prudence qu'il s'agissait ! Boubakar-Maïdi prévenu prend la fuite ; sans se demander s'il agit prudemment ou non, le commandant Jeandet se lance à sa poursuite, le rejoint en plein pays sauvage, reçoit deux coups de fusil qui ne l'atteignent pas, et sans riposter saisit le fugitif qu'il ramène prisonnier. En juillet 1888 il allait encore seul enlever dans sa case un chef noir qui avait attaqué un détachement de spahis.

Sur ces entrefaites le gouverneur, M. Genouille, ayant été rappelé en France, des inspecteurs généraux MM. Espeut, Chaudier et Picanon reçurent mission d'opérer au Sénégal ; ils man-

dèrent de Podor le commandant Jeandet et, dans
un rapport officiel du 4 novembre 1888, signalèrent
ses services dans les termes suivants : « Les fonc-
« tions et les missions dont le commandant
« Jeandet a été chargé et qu'il a remplies à la
« satisfaction des indigènes et du gouverneur du
« Sénégal, ainsi qu'à l'avantage de la colonie,
« donnent à M. Jeandet des droits indiscutables
« à la première classe de son grade, sans préju-
« dice d'autres distinctions honorifiques qui lui
« ont été promises. Ce que prouvera le résumé
« de ses travaux et de ses services exceptionnels. »

Au mois de décembre suivant le commandant
Jeandet franchissait encore un échelon et était
élevé à la seconde classe. Le nouveau gouverneur,
M. Clément-Thomas, sut apprécier cet intelligent
et dévoué collaborateur et lui confirma ses pleins
pouvoirs ; Jeandet surveillait de près le Bourba
ou roi du D'Ioloff en qui il voyait un voisin dou-
teux et un ennemi futur ; par un de ces traits
d'initiative hardie qui lui sont familiers, il marche sur sa capitale Yang-Yang ; il est presque
seul mais son ordonnance fait flotter à son côté le
drapeau tricolore et les indigènes savent tout ce
qu'il y a de puissance et de force dans ce grand
fétiche des blancs. Le 1er juillet 1889 il entre à
Yang-Yang et le roi va au-devant de lui avec
3,000 guerriers et 50 tams-tams de guerre ; le
6 cette campagne toute pacifique se termine

par un traité d'alliance offensive et défensive dont les articles ont été rédigés par le commandant de Podor. François-Abel Jeandet est, avec le capitaine Monteil, l'Européen qui a pénétré le plus avant dans ce mystérieux et redoutable D'Ioloff qu'il a exploré jusqu'à Kol-Kol.

Le traité du 6 juillet eut un grand retentissement à Saint-Louis où l'on en comprit du premier moment toute la valeur ; c'était en effet la domination virtuelle de la France étendue et la frontière coloniale épaissie du côté du Ségou. Aussi en rendant compte de ces faits au ministère, dans une dépêche très élogieuse du 21 octobre, le gouverneur demandait-il un témoignage exceptionnel de satisfaction pour le commandant de Podor. Le témoignage sollicité ne vint pas, mais on se plut du moins à récompenser François-Abel Jeandet, en lui donnant le poste de résident dans le Cayor et le commandement du N'Diambour et du N'Guick-Merina ; c'était lui confier un des plus beaux gouvernements du Sénégal, un domaine immense que le chemin de fer de Saint-Louis à Dakar traverse sur une longueur de 148 kilomètres, et où le nouveau chef commença aussitôt à étudier et à amorcer tout un réseau de routes.

Un des derniers traits de cette courte carrière fut une sorte de *raid* exécuté avec cette audace qui force la fortune ; le roi de Baol s'était mis en état de rébellion et faisait des razzias dans le

N'Diambour et le Cayor. Le commandant Jeandet lève 6,000 hommes pour garder la frontière, se lance avec une trentaine de cavaliers au cœur du Baol et enlève le roi sans tirer un coup de fusil. Cette fois, sur le rapport du colonel Dodds, commandant supérieur des troupes dans le D'Ioloff, et par une dépêche du 16 mai 1890, le gouverneur proposa formellement le commandant Jeandet pour la croix. La proposition fut réitérée le 16 juin après la belle et fructueuse campagne du D' Iolof contre Aly-Boury, entreprise de concert avec le colonel Dodds, commandant supérieur des troupes au Sénégal. Dans cette expédition qui eut pour résultat de chasser Aly-Boury de ses états dont la France prit possession, le commandant Jeandet fut chargé de l'organisation des indigènes du Cayor et de la direction générale des auxiliaires réunis.

Mais notre compatriote ne devait pas voir le résultat des propositions dont il était l'objet. Dans une lettre écrite de Podor à ses parents, le 29 juillet, la dernière qu'ils aient reçue de son vivant ! François–Abel Jeandet raconte avec entrain le prologue de la mission où il allait trouver la mort. Mandé le 7 à Saint-Louis, il y arrivait le 9 au soir et se présentait aussitôt chez le gouverneur, le *Borom*, comme on dit familièrement là-bas, en empruntant une appellation aux indigènes ; les nouvelles étaient graves, le Fouta-Toro était en fermentation et généralement le pays toucouleur qui s'étend entre Segou et Podor ; une fois de plus le gouverneur donnait pleins pouvoirs au commandant Jeandet qui repartit immédiatement ; jamais mission et devoirs plus grands ne lui avaient encore été conférés. Dans une seconde lettre datée de Godéré, près Bomba, en plein Lao et qui parvint à ses parents le lendemain même du jour où ils avaient appris sa mort, on lit ceci :

« J'ai déjà fait de la besogne, dans le Fouta-
« Toro, nous n'avions pas, il y a huit jours, cent
« guerriers dévoués ! le roi du Lao seul nous
« était franchement sympathique, mais il demeu-
« rait avec ses seuls hommes de case, isolé au
« milieu de son peuple hésitant ou hostile !

« J'ai pris les grands moyens, en me transpor-
« tant au centre de l'opposition et en appelant à
« moi les chefs et les rois.

« Déjà je puis considérer le Toro comme entiè-
« rement calmé et en nos mains. Mais j'ai dû agir
« ferme et prendre de ma propre autorité des
« mesures radicales qui ont reçu l'entière appro-
« bation du gouverneur.

« Une grande dépêche de lui, officielle et chif-
« frée, répondant à un pli très important que je lui
« avais adressé, se terminait au clair par ces mots:

« *Vous remercie et félicite du travail fait qui*
« *prouve une fois de plus combien on peut comp-*

« *ter sur votre intelligence et votre dévoue-*
« *ment.* »

L'œuvre de pacification était acheveé, lorsque
survint la catastrophe du mardi 2 septembre;
nous en empruntons le récit au *Journal officiel
du Sénégal et dépendances*, du jeudi 4, où les
lignes suivantes parurent encadrées de noir :

« ... Le 2 septembre, à neuf heures du matin,
« M. Jeandet (Abel), administrateur colonial,
« commandant du cercle de Podor, a été assas-
« siné au grand Aéré, par un Toucouleur, nommé
« Baydi-Katié. Une pluie battante avait obligé
« tous les gens qui entouraient M. Jeandet à se
« disperser pour se mettre à l'abri. Baydi-Katié
« s'approcha de sa case où, près de la porte,
« M. Jeandet s'était allongé en fumant sa cigarette,
« et lui déchargea son fusil chargé de trois balles,
« à bout portant dans l'aisselle gauche. Les
« balles vinrent sortir de l'autre côté de la poi-
« trine. La mort fut instantanée. »

Dans la dépêche qu'il adressa à M. Etienne
pour l'informer de cette mort, le gouverneur du
Sénégal disait :

« La cause du crime semble jusqu'à mainte-
« nant être une vengeance personnelle : un
« indigène auquel M. Jeandet venait de confirmer
« une amende infligée pour rébellion, par le
« Lam-Toro.

M. Clément-Thomas exprimait la même opinion en écrivant à M. et Mme Jeandet :

« Il devait mourir frappé traîtreusement par la
« balle d'un vulgaire assassin, peut-être d'un
« fou ! »

En effet l'assassin et ses complices ayant pris la fuite, on crut d'abord à un crime privé ; mais un administrateur et un capitaine s'étant mis à leur poursuite réussirent à les atteindre, et après un interrogatoire ils furent lynchés immédiatement. Nous citerons le texte des aveux du principal coupable tel qu'il a été transmis à M. Jeandet père :

« Oui c'est moi qui ai tué Jeandet parce que j'a-
« vais été poussé et même contraint par ceux qui
« sont mes chefs, presque mes maîtres. C'est l'an-
« cien Lam-Toro Sidirkh et le prince Mahmadou
« Yoro qui m'ont commandé le crime, le premier
« me disant que Jeandet était l'ennemi de leur
« famille... ils sont revenus plusieurs fois à la
« charge avant de me décider... je sais ce qui m'at-
« tend, mais je déclare que j'ai été poussé et
« que je n'avais aucune inimitié contre M. Jean-
« det... Jeandet au contraire m'avait fait du bien...
« il était si bon pour tout le monde... Allez, je
« suis un grand criminel et je mérite tout ce que
« vous pourrez me faire, je ne réclamerai pas... »

Ainsi la mort du commandant Jeandet était le résultat d'un complot formé contre lui par le fanatisme musulman. Ces chefs que l'on peut

momentanément dompter, mais que l'on ne con-
quiert jamais, tous ces tyrans noirs, du Bossiah,
du Baol, du D'Ioloff, et autres qu'il avait enchaî-
nés par des traités, ou vaincus par la force, voyant
leurs guerriers venir chaque jour lui demander
l'aman, toujours accordé généreusement, résolu-
rent de se défaire de ce chef blanc qui les rédui-
sait à l'impuissance ; quant à l'instrument et
à l'occasion du crime, ils ne furent pas difficiles
à trouver, le commandant Jeandet, avec cette
insouciance fataliste de l'homme qui ne compte
plus avec le danger, était à la merci d'un assassin.

Le 3 septembre, le gouverneur du Sénégal
avait écrit à M. et Mme Jeandet...

« ... La raison se révolte à la pensée que tant
« de loyauté, de bravoure, de noblesse de cœur
« aient pu être anéantis par l'acte stupide d'une
« brute sauvage.

« Eh quoi ! c'est à lui, Abel Jeandet, qu'un tel
« sort était réservé ! Lui, qui avait risqué vingt
« fois sa vie dans tant de missions périlleuses
« si brillamment accomplies !...

« Toute la colonie a ressenti le coup qui vous
« frappe si cruellement. Votre noble fils ne comp-
« tait ici que des amis. Il suffisait de l'approcher
« pour l'apprécier et l'aimer.

« J'ai vu couler bien des larmes lorsque la fatale
« nouvelle s'est répandue si inopinément. »

La colonie honora la mémoire de ce combattant frappé pour elle sur le champ de bataille; un service solennel célébré dans l'église de Saint-Louis en présence de tout le personnel du gouvernement et d'un représentant délégué par le sous-secrétaire d'État de la marine et des colonies, l'éloge funèbre prononcé par le gouverneur lui-même; un monument à élever aux frais de l'État, c'est tout ce que le Sénégal et la France pouvaient faire et ont fait pour ce bon serviteur qui ne laissait ni femme ni enfants.

Si, comme tant d'autres, François-Abel Jeandet tomba victime du fanatisme religieux et politique des chefs, il fut regretté en général de la population noire qu'il traitait doucement, avec cette bienveillance qui s'alliait en lui à la dignité et au sentiment jamais oublié de sa supériorité d'Européen. « Tous au Sénégal, Européens, mu-
« lâtres ou noirs, commerçants, militaires ou
« fonctionnaires, estimaient et aimaient votre fils,
« cet homme au cœur d'or, ouvert, droit, intel-
« ligent, zélé, instruit, bien élevé, courageux,
« énergique et doux.

« Dans un pays où le caractère souvent aigri
« pousse aux accusations méchantes, envieuses
« et calomnieuses, votre fils n'avait jamais été
« attaqué. Tout le monde s'inclinait devant la
« dignité et la noblesse de son âme et se sentait
« gagné, séduit par l'affabilité de ses manières,

« Sa mort a affecté tout le monde, et j'ai même
« vu des indigènes pleurer. » Ainsi s'exprime
M. Tautain, directeur des affaires politiques au
Sénégal et dépendances, dans une lettre à M. le
docteur Jeandet.

Les éléments de cette notice, qui n'a nullement
la prétention d'être un chapitre de l'histoire du
Sénégal, ont été puisés à des sources officielles,
extraits de rapports, dépêches, ordres de service,
lettres qui nous ont été communiqués par la famille ; ainsi en traçant les grandes lignes de cette
carrière, croyons-nous n'avoir cédé à aucune
surprise du cœur. Un journal de Lyon, *le Salut
public* a dit que François-Abel Jeandet avait « la
« foi et la bravoure du croisé » ; l'expression est
bonne et nous nous l'approprions. Oui, chez ces
aventureux qui, de tous les points du monde chré-
tien, cherchent à faire brèche au monde barbare,
et disputent l'Afrique à l'Islam qui l'envahit lente-
ment, il y a quelque chose de l'esprit des anciens
croisés. Sans doute ce ne sont point des mission-
naires, et cependant, en face du Mahométisme fa-
natique et étroit, abaissé encore au niveau mo-
ral de races infimes, ils se sentent fiers, quel que
soit d'ailleurs le secret de leur conscience, de
représenter, de porter en eux cet idéal supérieur
et fécond qui est le Christianisme ; et tel tous les
témoignages nous montrent que fut François-
Abel Jeandet.

Sur ces routes sans nombre, ces croisés du XIXe siècle succombent presque tous, victimes de la trahison des hommes ou des forces de la nature, mais d'autres sont là pour relever le drapeau échappé à leur main et la marche en avant n'en est pas ralentie un instant; la passion de l'inconnu, la conscience d'un agrandissement de l'âme dans les périls affrontés pour une noble œuvre, l'attrait enfin du sacrifice, ne cessent de susciter des preux, aussi audacieux mais plus purs que les *conquistadores* espagnols du XVIe siècle. Le monde moderne ne comporte plus la vie d'aventures, les prouesses, les grands coups d'épée d'autrefois, la guerre est devenue un conflit mécanique et scientifique entre des masses d'hommes, mais à ceux que tourmente encore le besoin de l'action personnelle et libre, l'Afrique mystérieuse, mortelle au blanc, s'ouvre tout entière avec ses fascinations, ses périls, et aussi ses révélations et ses récompenses.

Nous l'avons dit en commençant, François-Abel Jeandet était né pour cette vie; en lui la trace des pas est effacée et du jour où il mit le pied sur le sol sénégalais il se révéla Africain de corps, d'esprit et de cœur, avec ces vertus de volonté, d'audace délibérée, de foi dans son œuvre qui font l'explorateur et le colonisateur. Son nom mérite donc d'être écrit dans ce livre d'or, vrai martyrologe, des hommes qui ont bien servi au

loin leur patrie et la cause commune de la civilisation; c'est pourquoi nous avons cru lui devoir
un hommage public à la libre tribune de la
Société bourguignonne de géographie et d'histoire.

H. CHABEUF.

Saint-Seine-l'Abbaye, octobre 1890.

Nous devons des remerciements à M. Gaffarel, professeur d'histoire et de Géographie à la Faculté des lettres de Dijon, secrétaire
général de la Société, pour l'obligeance qu'il a bien voulu mettre
à revoir notre notice au point de vue de la nomenclature géogra-
phique.

DIJON. — IMPRIMERIE DARANTIERE

9 782019 944162